Regina Bestle-Körfer

Projekte in der Kita Polizei

HERDER

FREIBURG · BASEL · WIEN

Inhaltsverzeichnis

Im Interesse der besseren Lesbarkeit und weil Frauen in frühpädagogischen Berufen prozentual stärker vertreten sind als Männer, wird in diesem Buch stets die Leserin angesprochen und auch meist die weibliche Form verwendet, wenn von pädagogischen Fachkräften die Rede ist. Selbstverständlich sind damit aber immer Leser und Leserinnen bzw. männliche und weibliche Fachkräfte gleichermaßen gemeint.

www.herder.de

Illustrationen: Hans-Günther Döring
Coverkonzeption & Layout: Uwe Stohrer, Freiburg
Umschlaggestaltung, Satz und Gestaltung:
Arnold & Domnick, Leipzig

Herstellung: Graspo CZ, Zlín
Printed in the Czech Republic

ISBN 978-3-451-38747-0

Vorwort

Die Polizei fasziniert Kinder aller Altersstufen. Bereits im Kindergartenalter wollen Mädchen und Jungen Polizist oder Polizistin werden, denn als „Freund und Helfer" ist die Polizei für Kinder ein Vorbild. Auch wegen der Gefährlichkeit des Berufs ist das Thema beliebt. Polizeiuniformen, Dienstwaffe, Handschellen und Blaulicht lösen Aufmerksamkeit und Respekt aus.

Die Beschäftigung mit der Polizei ist für Kitakinder in der Regel nicht neu, im städtischen Umfeld sind Polizeiautos mit Sirenengeheul im Alltag präsent. Auch die Konfrontation mit medialer Gewalt wird für immer jüngere Kinder zur Normalität. Inwieweit sie reale und mediale Gewaltdarstellungen verarbeiten können, hängt von ihrem Entwicklungsalter und ihrer emotionalen Stabilität ab. Für alle gilt aber: Der Umgang mit ängstigenden Bildern und Darstellungen von Gewalt, seien sie medial oder real erlebt, muss erlernt werden. Die Annahme, man könne Kinder emotional abhärten, wurde dabei von der Stressforschung widerlegt. Ein zu hoher Stresslevel in der frühen Kindheit beeinflusst die Gehirnentwicklung und das Lernen langfristig negativ. Kinder benötigen in erster Linie Sicherheit, damit sich ihr neurobiologisches System entwickeln kann, ohne zu schnell und häufig autonome Stressreaktionen auszulösen (Angst, Konzentrationsprobleme, Aggressivität usw.) (vgl. Korte 2011).

Die Beschäftigung mit realen Gefahren können wir Kindern zwar nicht ersparen. Doch in Geschichten und Rollenspielen erleben sie, wie aufregende Polizeieinsätze mit ihrem Bedürfnis nach Sicherheit eine Verbindung eingehen. Die Polizei, die für Schutz sorgt und Kriminelle einsperrt, löst bei Kindern emotional sowohl Spannung als auch Erleichterung aus. Diesen Effekt kennen auch Erwachsene, die gerne Krimis lesen: Durch die Wiederherstellung von Recht und Ordnung oder durch nachvollziehbare Aufklärung und Ermittlung von Gewalttaten in fiktiven Geschichten tritt eine beruhigende Wirkung ein.

Die vorliegenden Projektideen zum Thema Polizei schaffen ausreichend Zeit für Spiel und Fantasie. Hier finden Kinder Schutzräume, in denen sie ihre Ängste spielerisch bewältigen. Indem sie sich mit der Polizei identifizieren, erfahren sie das gute Gefühl von Sicherheit. Ich wünsche Ihnen und den Kindern eine anregende Projektzeit!

Regina Bestle-Körfer

Pädagogische Einführung in die Projektarbeit

Projekte in der Kita

Wer die Gegenwart und Zukunft mitbestimmen und mitgestalten möchte, sollte von klein auf die Möglichkeit bekommen, seiner Neugier auf den Grund zu gehen und eigene kreative Ideen möglichst selbsttätig verwirklichen zu können. Zusammen mit anderen Kindern, mit Eltern und pädagogischen Fachkräften – in einem Dialog auf Augenhöhe – können Kinder sich ihre Lebenswelt auf vielfältige Art und Weise erschließen und begreifbar machen. Projektarbeit in der Kita, die sich über einen längeren, selbst gewählten Zeitraum mit einem Thema intensiv beschäftigt, setzt an den Bedürfnissen und Interessen der Kinder an und vermittelt ganzheitliche Lernerfahrungen: Entdeckendes Lernen, Exploration, Öffnung des Sozialraums, Beobachten, Forschen, gemeinsames Reflektieren und Präsentieren bilden die Grundpfeiler einer auf Partizipation, Inklusion, Kooperation und Vielfalt basierenden Projektarbeit. Projektarbeit ist Bildungsarbeit, die den Selbstbildungsprozess des Kindes unterstützt. Die Eigeninitiative jedes Kindes, sein kreatives Potenzial, die Entwicklung von Selbstständigkeit und Verantwortungsbereitschaft sollen durch die Projektarbeit besonders gefördert werden.

Die pädagogische Fachkraft

Im Rahmen der Projektarbeit wird die pädagogische Fachkraft die Eigentätigkeit der Kinder, im Sinne einer Prozessbegleitung, unterstützen. Kinder können so zu Gestaltern und Gestalterinnen ihres eigenen Lern- und Selbstbildungsprozesses werden. Das setzt ein Umdenken in der pädagogischen Haltung voraus. Projektarbeit in der Kita erfordert Mut, die vertrauten pädagogischen Wege für einen bestimmten Zeitraum zu verlassen und dem natürlichen Explorationsverhalten und der Neugier der Kinder mehr Raum zu geben. Die Fragen der Kinder nach dem Wieso, Weshalb, Warum werden von der pädagogischen Fachkraft durch anregungsreiche Projektangebote gefördert und fließen in die Projektgestaltung mit ein. Die wertschätzende Beziehungsarbeit bleibt, neben der gewünschten Unterstützung von Selbstständigkeit, Partizipation und Selbstbildung, auch während der Projektarbeit der wichtigste Grundpfeiler des Bildungserfolgs. Die Ermutigung, die Kinder von der pädagogischen Fachkraft auf diese Weise erfahren, bildet die Basis für die Entwicklung wichtiger Soft Skills wie Konflikt- und Teamfähigkeit, Empathie und emotionaler Impulssteuerung.

Impulsgeber für die Projektpraxis

Die vorliegenden Projektideen zum Thema Polizei verstehen sich als Impulsgeber für die Praxis. Sie beinhalten vielfältige Ideen zur Projektarbeit in Theorie und Praxis und wollen Ihre eigenen Projektideen aufgreifen, ergänzen und bereichern. Die Beschreibung von Lernzielen, Bildungsbereichen und Angaben zur Gruppengröße soll dazu beitragen, die Vorbereitungszeit für Ihre Projektarbeit im pädagogischen Alltag zu minimieren.

Projektpräsentation und Reflexion

Besonders wichtige Bestandteile der Projektarbeit in der Kita sind die Reflexion und Präsentation, jeweils im Anschluss an eine durchgeführte Aktion oder Projekteinheit. In den Reflexionsphasen sollen die Kinder mit gezielten Fragen angeleitet werden miteinander ins Gespräch zu kommen. Dies stärkt sowohl ihre Sprachkompetenz als auch ihre sozial-emotionalen Kompetenzen, indem sie lernen anderen Kindern zuzuhören und sich selbst mitzuteilen. Eingeübte Frage- und Diskussionsrunden in jungen Jahren sorgen langfristig dafür, dass Kinder eine demokratische Gesprächskultur einüben, die für alle weiteren Bildungsprozesse in Schule und später im Beruf bedeutsam sind. Die abschließende Projektpräsentation (Familienfest, Ausstellung, Theateraufführung usw.), an der jedes Kind partizipieren sollte, schafft eine Öffentlichkeit für erreichte Projektergebnisse und verdeutlicht Ihr Engagement für die Vermittlung von Bildungsinhalten.

Einsatz von Bildmaterial

Auf 32 Illustrationen, die vom bekannten Bilderbuchillustrator Hans-Günther Döring liebevoll gezeichnet wurden, finden Sie Gesprächsanlässe, Sachinfos, Bastelanleitungen oder einen besonderen szenischen Blick auf Themenausschnitte rund um die Polizei. Das farbenfrohe Bildmaterial kann mit den Kindern zusammen betrachtet und als Einstiegs- oder Reflexionsimpuls gezielt zum Einsatz kommen. So schaffen die Illustrationen Sprachanlässe und können zu einer alltagsintegrierten Sprachförderung beim regelmäßigen Betrachten und Erzählen beitragen.

Hintergrundinformationen zum Einsatz der Polizei

Aufgaben der Polizei

Die Polizei ist das ausführende Organ des Staates. Zu ihren grundlegenden Aufgaben zählt es, die öffentliche Ordnung und Sicherheit zu gewährleisten und diese unter bestimmten Umständen wiederherzustellen.

Zum Schutz der öffentlichen Sicherheit gehören die Einhaltung von Recht und Gesetz, der Schutz des Staates, seiner Staatsdiener und der Bürger und Bürgerinnen. Auch wenn in jedem Bundesland eigene Polizeistrukturen vorherrschen und eigene Uniformen getragen werden, sind die Aufgaben der Polizei im gesamten Land gleich. Die Polizei wird tätig bei der

- Bekämpfung/Ermittlung von Straftaten
- Vorbeugung von Kriminalität/Einbruch/Diebstahl
- Regelung des Straßenverkehrs/Aufnahme von Verkehrsunfällen
- Ermittlung/Bekämpfung der Internetkriminalität
- Ausbildung von Polizisten und Polizistinnen

- Unterstützung der Feuerwehr
- Bewachung von Objekten
- Begleitung von Demonstrationen
- Sicherung der Wasserstraßen (Wasserschutzpolizei)

Verkehrserziehung

Auch wenn Kinder im Vorschulalter mit der Komplexität des Straßenverkehrs noch überfordert sind, ist es hilfreich, bereits in der Kita über Gefahren im Straßenverkehr zu sprechen und wichtige Regeln beim Überqueren einer Straße einzuüben. Dabei sollte unbedingt beachtet werden, dass Kinder anders sehen und hören als Erwachsene und sich noch leicht ablenken lassen. Die Wahrnehmungsreize im Verkehr sind vielfältig und für Kinder hoch spannend. Da fällt es schwer, alles gleichzeitig im Blick zu behalten, sich mit anderen zu verständigen, Zeichen zu geben, Gefahren zu beurteilen und Entscheidungen zu treffen. Lassen Sie Kinder im Vorschulalter aus diesem Grund im Straßenverkehr nicht allein.

Fußgänger-Führerschein

Im Polizeiprojekt können Kinder von einem Polizisten oder einer Polizistin Grundlegendes zur sicheren Überquerung einer Straße lernen und an einem Fußgängerüberweg mit Zebrastreifen oder Fußgängerampel einüben. Sie lernen wichtige Regeln im Straßenverkehr kennen, und mit dem Erwerb eines Fußgänger-Führerscheins werden sie für sicheres Verhalten im Straßenverkehr sensibilisiert und gut vorbereitet. Unter der Projektkategorie „Mit allen Sinnen“ finden Sie auf S. 39 Ideen zur praktischen Umsetzung der Verkehrserziehung in der Kita mit einem Verkehrsparcours und zum Fußgänger-Führerschein.

Der Inhaber oder die Inhaberin dieses Fußgänger-Führerscheins

- kennt alle Verkehrszeichen für Fußgänger und Fußgängerinnen
- weiß, wie man sich im Straßenverkehr kleidet, um gesehen zu werden
- weiß, wie man eine Straße an einer Ampel sicher überquert
- weiß, wie man eine Straße an einem Zebrastreifen sicher überquert
- kennt die Notrufnummern von Polizei und Feuerwehr
- kennt seinen/ihren Namen und Adresse

Fußgänger-Führerschein

Ablauf des Polizeiprojekts

Aufbau und Inhalte

Vier Einführungsideen und vier Ideen zum Projektabschluss bilden die Klammer für die Projekt-Kapitel: „Schutzpolizei – Hilfe in der Not", „Verkehrspolizei – Verkehrserziehung", „Kriminalpolizei – Räubern auf der Spur" und „Beruf Polizist und Polizistin". Hier finden Sie Anregungen zur Beschäftigung mit dem Polizei-Notruf, den Aufgaben der Schutz-, Verkehrs- und Kriminalpolizei und dem Berufsbild. Auch die spielerische Beschäftigung mit der Rolle eines Räubers oder Diebs bringt Kindern im Polizeiprojekt viel Spaß.

Jedes Kapitel umfasst sechs Projektkategorien, die in jedes Unterthema einführen und es vertiefen:

- Alle Kapitel starten mit einem **Einstiegsimpuls**, in dem die Kinder spielerisch an das jeweilige Projektthema herangeführt werden.
- Im **Rollenspiel** haben die Kinder die Möglichkeit, in die Rolle der Polizei, aber auch in die Rollen von Räubern und Dieben zu schlüpfen.

- Die Öffnung der Kita nach außen in der Kategorie **Umwelt entdecken** ermöglicht den Kindern im Rahmen des Projektthemas, Erfahrungen außerhalb der Kita zu sammeln. Sie finden Anregungen für den Besuch einer Polizeiwache, für das Einüben von Verkehrsregeln als Fußgänger/Fußgängerin und für eine Spurensuche im Wald.
- Damit Kinder **mit allen Sinnen** lernen, bietet das Polizeiprojekt Praxisideen zur Arbeit eines Polizeihundes und zum Erwerb eines Fußgänger-Führerscheins. Auch die Detektivarbeit im Rahmen eines Wahrnehmungsspiels und einer Schneemann-Geschichte kommt nicht zu kurz.
- In der Projektkategorie **Kreatives Gestalten** können Sie anregen eine Polizeimütze, Polizeikelle, Handschellen und ein Kartongefängnis herzustellen oder Zebrastreifenbilder, eine Polizeiauto- oder Hubschrauberlaterne zu basteln.
- Die Kategorie **Präsentation** ermöglicht den Kindern Ergebnisse des Projekts bei einer Aufführung (z. B. Polizeilieder, Verkehrsrallye, Polizeitheater) im Rahmen eines Polizeifestes in der Kita zu präsentieren.

Eltern einbeziehen (Elternbrief)

Mit dem folgenden Elternbrief und an einem Elternabend können Sie Eltern über das geplante Polizeiprojekt informieren.

Liebe Eltern!

Kinder lieben Polizeiautos. Voller Spannung und Faszination lauschen sie auch Geschichten von Räubern und Dieben, die von der Polizei gefangen werden. In unserem Projekt wollen wir uns darum auf eine spannende Reise rund um das Thema Polizei begeben. Wir werden in Liedern, Geschichten, beim Spielen, Basteln und bei kleinen Ausflügen Interessantes über die Arbeit der Polizisten und Polizistinnen erfahren und den Polizeinotruf 110 kennenlernen.

Ein besonderer Fokus unseres Polizeiprojekts liegt auf der Verkehrserziehung. Damit Ihre Kinder lernen, sich im Straßenverkehr mit Vorsicht zu bewegen, beschäftigen wir uns mit Verkehrszeichen, Ampeln, Fußgängerüberwegen und Regeln im Straßenverkehr. Zusätzlich üben wir mit den Kindern, wie sie sicher eine Straße überqueren können. Als Höhepunkt werden wir eine Polizeiwache besuchen. Ihre Kinder werden aufregende Eindrücke sammeln, von denen sie sicher noch lange erzählen werden.

Zum Abschluss unseres Polizeiprojektes laden wir Sie zu einem Polizeifest in die Kita ein. Lassen Sie sich von den Projektergebnissen, die Ihre Kinder präsentieren, überraschen!

Es grüßt Sie herzlich

Ihr Kita-Team

Das Polizeiprojekt

1. Einführung

Polizei-Spiellied

Lernziel: Interesse wecken für Polizeieinsätze mit Blaulicht und Sirene

Bildungsbereiche: Musik und Bewegung – Sing- und Spielfreude – Sprache und Wortschatz

Gruppengröße: Klein- und Großgruppe

Aktion: Singen Sie die 1. Strophe des Lieds „Ta tü ta ta die Polizei" (siehe S. 76). Die Kinder bewegen sich dazu frei im Raum. Ein Kind spielt die Polizei mit einem Blaulicht. Nach „die andren Autos halten schnell" bleiben alle stehen und das Polizeikind läuft zwischen den stehenden Kindern hindurch. Danach werden die Rollen getauscht.

Reflexion: Wann fährt die Polizei mit Blaulicht? Warum müssen alle Platz machen, wenn die Polizei mit Blaulicht fährt? Welche Autos fahren noch mit Blaulicht?

Ausblick und Planung: Singen Sie die 2. und 3. Strophe des Polizei-Spiellieds und sprechen über Notfalleinsätze von Polizei, Feuerwehr und Krankenwagen bei Verkehrsunfällen, Unglücken, Katastrophen.

1. Einführung

Polizei-Girlande gestalten

Lernziel: Ideen zum Polizeiprojekt sammeln

Bildungsbereiche: Kreativität und Fantasie – Sachwissen und Sprache

Gruppengröße: Kleingruppe

Aktion: Betrachten Sie mit den Kindern Sachbilderbücher zur Polizei (siehe Literaturtipps S. 78). Verteilen Sie Malvorlagen (Polizeiauto, Winkerkelle, Blaulicht, Pistole, Warnkegel usw.), die die Kinder dann ausmalen. Alles ausschneiden, auf blaue Tonpapier-Karten kleben und an einer Schnur befestigen. Die Polizei-Girlande im Gruppenraum aufhängen.

Reflexion: Was gefällt euch an der Polizei besonders? Was wollt ihr über die Polizei lernen? Wer kann eine spannende Polizeigeschichte erzählen?

Ausblick und Planung: Alternativ die ausgemalten Polizeimotive einmal kopieren, auf blaue Tonpapierkarten kleben und laminieren. Wer findet beim Memory-Spiel ein Pärchen?

1. Einführung

Besuch bei der Polizei

Lernziel: Eine Polizeiwache kennenlernen

Bildungsbereiche: Neugier und Sachwissen – Sprache und Wortschatz

Gruppengröße: Klein- und Großgruppe

Aktion: Besuchen Sie eine Polizeiwache. Hier bekommen die Kinder die Möglichkeit, Polizisten und Polizistinnen in ihrer Uniform, Polizeifahrzeuge, eine Dienstwaffe, den Polizeihund, Gerätschaften und die Räumlichkeiten der Polizeiwache (z.B. Leitstelle, Gefängniszelle) kennenzulernen.

Reflexion: Was hat euch auf der Polizeiwache besonders gut gefallen? Was war aufregend? Welches Tier hilft der Polizei? Welche Farbe haben Polizeiuniform und Polizeiauto?

Ausblick und Planung: Als Erinnerung darf sich jedes Kind vor einem Polizeiauto für die Portfoliomappe fotografieren lassen.

HALT
POLIZEI
KLEB
HALT
POLIZEI

1. Einführung

Polizeikelle basteln

Lernziel: Funktion und Einsatz einer Polizeikelle kennenlernen

Bildungsbereiche: Kreativität und Fantasie – Feinmotorik und Geschicklichkeit – Sprache

Gruppengröße: Kleingruppe

Aktion: Die Polizei- oder Winkerkelle ist ein Verkehrsleitgerät, das von der Polizei, vom Zoll, vom Technischen Hilfswerk, der Feuerwehr und von Schülerlotsen und -lotsinnen im Straßenverkehr eingesetzt wird. Sie ist auf der einen Seite mit einem roten und auf der anderen Seite mit einem grünen Kreis versehen und kann über einen An-Aus-Schalter beleuchtet werden. Basteln Sie mit den Kindern eine Polizeikelle (siehe illustrierte Anleitung). Die Winkerkellen tragen manchmal zusätzlich eindeutige Aufforderungen wie etwa HALT oder STOP und den Hinweis POLIZEI oder FEUERWEHR.

Reflexion: Was bedeutet das Winken mit der roten und mit der grünen Seite der Polizeikelle?

Ausblick und Planung: Die gebastelten Polizeikellen kommen im Rollenspiel zum Einsatz.

110

2. Schutzpolizei – Hilfe in der Not

Die Polizei rufen

Lernziel: Den Polizeinotruf 110 kennenlernen und einüben

Bildungsbereiche: Musik und Bewegung – Sing- und Spielfreude – Sprache und Wortschatz

Gruppengröße: Klein- und Großgruppe

Aktion: Die Polizei sorgt für Ordnung und Sicherheit. Legen Sie ein Spielzeugtelefon oder -handy in die Kreismitte und erzählen: „Ein Mann tankt an der Tankstelle und fährt, ohne zu bezahlen, davon." „Ein Vogel pickt Kuchen vom Teller." „Eine Frau sitzt im Bus, der fremde Sitznachbar greift in ihre Handtasche." „Zwei Kinder streiten sich auf dem Spielplatz." „Ein fremder Mann und eine fremde Frau halten mit dem Auto an und fragen zwei Kinder, ob sie einsteigen wollen." „Eine Katze fängt eine Maus." Besprechen Sie nach jedem Satz, ob die Polizei gerufen werden sollte. Die Kinder wählen die 110 und erklären, was vorgefallen ist.

Reflexion: Was ist verboten? Was ist erlaubt? Dürfen Fremde Kinder auf der Straße ansprechen? Wann sollen Kinder Nein sagen?

Ausblick und Planung: Singen Sie das Notruf-Lied „Polizei und Feuerwehr" (siehe S. 76).

POLIZEI

POLIZEI

2. Schutzpolizei – Hilfe in der Not

Polizeiauto- und Hubschrauber-Laterne basteln

Lernziel: Freude am Basteln entwickeln und das Martinsfest erleben

Bildungsbereiche: Kreatives Gestalten – Feinmotorik – Feste und Feiern

Gruppengröße: Kleingruppe

Aktion: Aus blauem und weißem Tonpapier jeweils zwei Umrisse für eine Polizeiauto- und eine Polizeihubschrauber-Laterne ausschneiden. Fenster mit einem Cutter ausschneiden und mit hellblauem Transparentpapier bekleben. Für das Polizeiauto noch Räder, Blaulicht sowie einen dunkelblauen Streifen basteln und ankleben. Für den Polizeihubschrauber die Rotoren sowie beim Polizeiauto und Hubschrauber Polizeibuchstaben anbringen.

Reflexion: Welche Aufgabe hat die Schutzpolizei beim Martinsumzug? Sie hält den Verkehr für den Martinsumzug an und beschützt die Kinder mit ihren Laternen auf der Straße.

Ausblick und Planung: Betrachten Sie mit den Kindern auf S. 29 die illustrierten Polizeiautos, das Polizeimotorrad und den Polizeihubschrauber.

2. Schutzpolizei – Hilfe in der Not

Die Schutzpolizei auf Streife

Lernziel: Aufgaben der Schutzpolizei kennenlernen

Bildungsbereiche: Sachwissen und Neugier – Sprache und Wortschatz

Gruppengröße: Kleingruppe

Aktion: Erzählen Sie von der Schutzpolizei, die regelmäßig mit dem Polizeiauto durch die Straßen fährt, um für Schutz und Ordnung zu sorgen, und erläutern Sie den Begriff „Streife fahren". So ist die Polizei schnell an Unfall- und Gefahrenorten, sie nimmt Unfälle und Strafanzeigen auf und hält den Kontakt zu Menschen, die Hilfe benötigen. Machen Sie einen Spaziergang in der Stadt. Die Kinder beobachten Polizeiautos und Polizisten/Polizistinnen im Streifenwagen.

Reflexion: Wie viele Polizisten und Polizistinnen fahren in einem Streifenwagen? Wie viele Polizeiautos, die Streife fahren, habt ihr gesehen?

Ausblick und Planung: Nehmen Sie Kontakt zum nächsten Polizeirevier auf und fragen Sie, ob eine kleine Kindergruppe eine Streife zu Fuß begleiten darf.

FAHRERLAUBNIS
FÜR
POLIZEI
POLIZEI

2. Schutzpolizei – Hilfe in der Not

Polizeikontrolle

Lernziel: Polizei spielen und Selbstbewusstsein entwickeln

Bildungsbereiche: Spielfreude und Selbstbewusstsein – Sprache und Wortschatz

Gruppengröße: Klein- und Großgruppe

Aktion: Ein Kind verkleidet sich als Polizist oder Polizistin und bekommt die Aufgabe, die Personalien und die Einhaltung von Regeln im Kita-Alltag (am Essenstisch, auf dem Außengelände usw.) zu „sichern“ bzw. zu „kontrollieren“. Zuvor wird für jedes Kind ein Personalausweis mit Namen und Foto angefertigt, der auf Bitte des Polizeikindes vorgezeigt wird. Die Rollen tauschen, damit jedes Kind einmal die Kontrolle durchführen darf.

Reflexion: Wer war schon einmal bei einer Polizeikontrolle dabei? Zeigen Sie den Kindern einen Personalausweis und Führerschein.

Ausblick und Planung: Die Kinder fahren draußen mit ihren Fahrgeräten. Zwei Kinder spielen Polizist/Polizistin, kontrollieren Führerscheine und regeln mit der gebastelten Winkerkelle (siehe S. 17) den Verkehr im Kita-Außengelände.

POLIZEI
POLIZEI

2. Schutzpolizei – Hilfe in der Not

Der Spürhund hilft der Polizei

Lernziel: Die Arbeit eines Polizeihundes kennenlernen

Bildungsbereiche: Sinneswahrnehmung und Spielfreude – Sprache und Wortschatz

Gruppengröße: Kleingruppe

Aktion: Ein Spürhund kann besonders gut riechen und übernimmt bei der Polizei wertvolle Aufgaben. In der Ausbildung wird er spielerisch an Geruchsproben (z.B. Sprengstoff, Rauschgift) gewöhnt. Auch vermisste Personen oder Kriminelle kann der Spürhund am Geruch erkennen und finden. Die Kinder lösen abwechselnd eine Riechaufgabe. Zur Unterstützung haben sie einen Polizeihund (Stofftier) an ihrer Seite. Verteilen Sie Riechdöschen auf einem Tisch oder im Raum. Das Polizeikind versucht mit seinem Polizeihund einen Duft (z.B. Lavendel, Zahnpasta usw.) zu erschnuppern.

Reflexion: Habt ihr den Duft beim Schnupperspiel erkannt? Welche Düfte mögt ihr gerne? Welche Gerüche sind unangenehm? Was ist euer Lieblingsduft?

Ausblick und Planung: Eine Schnupper-Bar mit verschiedenen naturreinen Düften (z.B. Zitrus-, Kräuter-, Zimt-, Vanilleduft usw.) zusammenstellen und Riechspiele damit spielen.

110
POLIZEI
POLIZEI
POLIZEI
POLIZEI
110
POLIZEI
POLIZEI

2. Schutzpolizei – Hilfe in der Not

Geschichte vom kleinen Polizeiauto

Lernziel: Polizeiautos im Einsatz kennenlernen

Bildungsbereiche: Sprache und Literacy – kreatives Gestalten

Gruppengröße: Klein- und Großgruppe

Aktion: *Es war einmal ein kleines blaues Polizeiauto. Jeden Tag fuhr es mit Blaulicht und Sirenengeheul zum Einsatzort. Das war aufregend. Eines Tages im Winter lag Schnee. Da konnte das blaue Polizeiauto nicht mehr rechtzeitig bremsen und hatte einen Unfall. Das kleine blaue Polizeiauto wurde in die Autowerkstatt geschleppt. Dort musste es auf die Reparatur warten und hatte in der Nacht einen schönen Traum…! (Es träumte vom nächsten Polizeieinsatz mit Blaulicht und Sirenengeheul.)*

Reflexion: Wie fährt das blaue Polizeiauto zum Einsatzort? Warum hatte es einen Unfall? Wovon träumte es in der Autowerkstatt?

Ausblick und Planung: Polizeiautos aus Karton bauen und am Polizeifest in der Kita einen Polizeieinsatz mit Blaulicht durch einen aufgebauten Parcours „fahren".

3. Verkehrspolizei – Verkehrserziehung

Ampelreime

Lernziel: Die Bedeutung der Ampelfarben kennenlernen

Bildungsbereiche: Bewegung und Spielfreude – Sprache und Wortschatz – Sachwissen

Gruppengröße: Kleingruppe

Aktion: Die Kinder lernen Ampelreime kennen. Üben Sie die Bedeutung der Ampelfarben, indem Sie eine Ampel aufstellen und die Kinder sie als Fußgänger, mit Laufrad oder Rutschauto erproben.

- „Seht, die Ampel ist noch rot, das bedeutet Gehverbot. Ist das grüne Licht zu sehen, darfst du über die Straße gehen."
- „Bei Rot bleibe stehen, bei Grün kannst du gehen. Bei Gelb gib acht, so wird's gemacht."
- „Bei Rot musst du warten, bei Grün darfst du starten."

Reflexion: Was ist der Unterschied zwischen einer Fußgängerampel und einer Ampel für Autos? Was bedeuten die Ampelfarben Rot, Orange und Grün?

Ausblick und Planung: Werfen Sie grüne, gelbe, rote Bälle in die Luft. Wer einen grünen Ball fängt, darf loslaufen, wer den gelben fängt, hüpft auf der Stelle, wer den roten fängt, bleibt stehen und wartet auf ein Kind, das einen grünen oder gelben Ball mit ihm tauscht.

Rollenspiel

3. Verkehrspolizei – Verkehrserziehung

Die Verkehrspolizei im Straßenverkehr

Lernziel: Verkehrsteilnehmer und -abläufe kennenlernen

Bildungsbereiche: Sachwissen und Spielfreude – Sprache und Wortschatz

Gruppengröße: Kleingruppe

Aktion: Stellen Sie eine Straße mit Spielzeugautos, kleiner Ampel, Verkehrsschildern auf einen Tisch. Die Kinder spielen Autofahrer, Fußgänger, Fahrradfahrer und Polizisten. Erzählen Sie: „Am Morgen ist viel Verkehr. Die Straßenampel ist grün, die Autos dürfen fahren. Die Fußgängerampel ist rot, die Fußgänger müssen warten. Die Ampel wird rot, die Autos halten an und warten auf Grün. Nur ein Auto übersieht die rote Ampel und biegt ab. Die Polizei fährt dem Auto hinterher. Der Fahrer muss eine Geldstrafe bezahlen!"

Reflexion: Wie überqueren wir zu Fuß Straßen ohne Ampel? Wir gehen zum nächsten Zebrastreifen.

Ausblick und Planung: Wiederholen Sie das Rollenspiel und lassen Sie die Kinder die Geschichte ausschmücken, z.B.: „Ein Auto rast viel zu schnell! Die Sirene geht an …"

STOP

3. Verkehrspolizei – Verkehrserziehung

Verkehrszeichenpuzzle

Lernziel: Verkehrszeichen spielerisch kennenlernen

Bildungsbereiche: Sachwissen und Spielfreude – Sprache und Wortschatz

Gruppengröße: Klein- und Großgruppe

Aktion: Stellen Sie Verkehrszeichen her und schneiden Sie sie in zwei Teile. Nun nimmt jedes Kind eine Hälfte und sucht die andere. Sprechen Sie über die Verkehrszeichen, z.B.:

- „Der Autofahrer hat es eilig. Er biegt, ohne anzuhalten, ab. Die Polizei hält ihn an, zeigt auf das rote **Stoppschild** und sagt: Stopp heißt Stopp!"
- „Ein Fahrradfahrer fährt auf dem Fußgängerweg! Die Polizei zeigt auf das blaue **Fußgängerschild** und sagt: Hier ist Fahrradfahren verboten!"
- „Mats ist zur Geburtstagsfeier bei Linus eingeladen. Auf der Straße steht ein **Spielstraßenschild**. Hier darf Mama nur Schrittgeschwindigkeit fahren.

Reflexion: Welche Verkehrszeichen stehen in eurer Wohnstraße?

Ausblick und Planung: Auf einem Verkehrszeichen-Spaziergang mit Stopp-Schild, Fahrradweg, Einbahnstraße usw. den Straßenverkehr beobachten.

KLEB

3. Verkehrspolizei – Verkehrserziehung

Zebrastreifenbilder

Lernziel: Für das Verhalten am Fußgängerüberweg sensibilisieren

Bildungsbereiche: Sachwissen und Neugier – Feinmotorik und Geschicklichkeit

Gruppengröße: Kleingruppe

Aktion: Jedes Kind erhält einen Bogen schwarzes Tonpapier, schneidet mit der Schere weiße Papierstreifen und klebt sie darauf. Die Kinder malen sich selbst, ihre Familie oder Freunde/Freundinnen, schneiden die Figuren aus und kleben sie auf den gebastelten Zebrastreifen. Jedes Kind erzählt seine eigene Zebrastreifengeschichte zum gebastelten Bild.

Reflexion: Wie verhalten wir uns an einem Fußgängerüberweg/Zebrastreifen? (Wir machen ein Handzeichen, schauen zuerst nach links, dann nach rechts, dann wieder nach links und rechts!) Was tun wir, wenn sich ein Auto dem Zebrastreifen nähert? (Wir machen ein Handzeichen. Wir warten, bis das Auto angehalten hat, nehmen Blickkontakt auf und gehen erst dann los!)

Ausblick und Planung: Singen Sie zur Einprägung der Links-rechts-links-Regel das Lied auf S. 77.

3. Verkehrspolizei – Verkehrserziehung

Verkehrsparcours/Fußgänger-Führerschein

Lernziel: Sicheres Verhalten als Fußgänger einüben

Bildungsbereiche: Sachwissen – Sprache und Wortschatz – Aufmerksamkeit und Konzentration

Gruppengröße: Kleingruppe

Aktion:

- Bauen Sie einen Verkehrsparcours mit Zebrastreifen, Verkehrsschildern, Ampel.
- Begehen Sie den Parcours als Fußgänger/ Fußgängerin mit gelber Weste und sprechen Sie über Gehweg, Radweg etc.
- Üben Sie das sichere Überqueren an Zebrastreifen, Ampel und ohne Verkehrszeichen.
- Zeigen Sie den Kindern die Bordsteinkante: Der Bordstein ist der „Stoppstein, hier bleiben wir stehen!"

Reflexion: Wo sind wir auf dem Gehweg am sichersten? (An der Häuserseite.) Wo bleiben wir immer stehen, bevor wir eine Straße betreten? (Am Bordstein.) Wie oft schauen wir nach links und rechts? (Je zweimal.)

Ausblick und Planung: Die Kinder legen im Beisein eines Polizisten oder einer Polizistin eine Fußgängerprüfung ab und erhalten ihren Fußgänger-Führerschein (siehe S. 7).

H

3. Verkehrspolizei – Verkehrserziehung

Verkehrsrallye

Lernziel: Konzentration und Reaktionsfähigkeit einüben

Bildungsbereiche: Bewegung und Spielfreude – Körperwahrnehmung und Geschicklichkeit

Gruppengröße: Großgruppe

Aktion:

- **Ampeltanz:** Verteilen Sie auf dem Boden rote, gelbe, grüne Kreise. Die Kinder hüpfen zur Musik von Farbe zu Farbe. Wenn die Musik stoppt, bleiben alle stehen. Wer auf Rot steht, muss stehen bleiben und bis zum nächsten Musikstopp warten. Die anderen hüpfen und tanzen weiter.
- **Ampelwurf:** Eine Ampel-Zielscheibe mit Löchern aufstellen. Von einer Startlinie rote, gelbe und grüne Bälle oder Säckchen werfen.
- **Autoscooter:** Einen Slalomparcours mit Verkehrszeichen, Pylonen oder Ampel aufbauen. Die Kinder wählen ein Fahrgerät und fahren damit durch den Parcours.

Reflexion: Welches Spiel hat euch besonders gefallen? Was habt ihr gut gemacht? Was müsst ihr noch üben?

Ausblick und Planung: Die Verkehrsrallye am Polizeifest aufbauen und mit der Familie zusammen erleben.

Einstiegsimpuls

4. Kriminalpolizei – Räubern auf der Spur

Spuren-Detektivspiel

Lernziel: Mit Körpereinsatz auf Spurensuche gehen

Bildungsbereiche: Bewegung und Spielfreude – Körperwahrnehmung und Geschicklichkeit

Gruppengröße: Klein- und Großgruppe

Aktion: Auf lange Papierbahnen bunte Fuß- und ggf. Handabdrücke drucken. Alternativ einzelne Fußabdrücke ausschneiden und auf dem Boden verteilen. Die Spuren für ein Detektivspiel einsetzen. Ein Kind spielt den Räuber das andere den Detektiv. Das Detektivkind geht kurz vor die Tür, das Räuberkind wählt eine Spur und versteckt sich am Ende (z. B. unter einer Decke). Nun geht das Detektivkind den Spuren nach und versucht das Räuberkind zu finden. Besonders lustig wird es, wenn das Detektivkind im Vierfüßler-Gang geht.

Reflexion: Welche Rolle hat euch besonders gefallen? Die Rolle des Räubers oder des Detektivs?

Ausblick und Planung: Das Spurensuchspiel zum Projektabschluss beim Polizeifest mit der Familie spielen.

MARIA
JONAS
GESUCHT:
Größe: ....
Haare: ....
Augen: ....
$

4. Kriminalpolizei – Räubern auf der Spur

Fingerabdruck und Steckbrief

Lernziel: Sachwissen forschend und kreativ aneignen

Bildungsbereiche: Sachwissen und Wortschatz – Feinmotorik und Geschicklichkeit

Gruppengröße: Kleingruppe

Aktion: Sprechen Sie über Fingerabdrücke: Jeder Fingerabdruck ist einzigartig. Lassen Sie die Kinder die feinen Linien ihrer Fingerkuppen mit einer Lupe betrachten. Fertigen Sie nun Handumrisse an und drucken Sie darauf von jedem Finger einen farbigen Fingerabdruck.

Reflexion: Wie sehen die Linien in euren Fingerkuppen unter der Lupe aus? An welchem Finger sind sie gut erkennbar?

Ausblick und Planung: Über Polizeisteckbriefe sprechen und anfertigen: Zum Polizeiprojekt passend verkleiden sich die Kinder als Räuber/Räuberinnen und werden für den Steckbrief fotografiert. Dann werden Körper- und Schuhgröße, Haar- und Augenfarbe ermittelt.

4. Kriminalpolizei – Räubern auf der Spur

Tierspuren-Detektive

Lernziel: Aufmerksames Beobachten in der Natur

Bildungsbereiche: Wahrnehmung und Konzentration – Natur- und Sachwissen

Gruppengröße: Kleingruppe

Aktion: Gehen Sie mit Kindern in den Wald oder ein Wildtiergehege und begeben Sie sich als Detektive und Detektivinnen auf Tierspurensuche. Es können Fährten, Trittsiegel, Kotspuren von Wildschweinen, Rehen etc. auf dem Boden entdeckt werden sowie leere Schneckenhäuser, Gewölle von Eulenvögeln, Ameisenhügel, Vogelnester, Spinnennetze, Mauselöcher, Fraßspuren an Nüssen, Bäumen und Blättern.

Reflexion: Welche Tierspuren habt ihr auf dem Detektivspaziergang entdeckt?

Ausblick und Planung: In feuchter Erde sind Trittspuren von Mensch und Tier leicht zu finden. Mit Gipsmasse können wir sie sichtbar machen. Dazu einen Pappring um die Trittspur legen und dickflüssigen Gips hineingießen. Circa 20 Minuten trocknen lassen und vorsichtig vom Boden abheben. Die Trittspur nach dem Aushärten mit einer Bürste säubern.

GESUCHT:

4. Kriminalpolizei – Räubern auf der Spur

Räuberfangen

Lernziel: Schnelles Laufen und Körpereinsatz trainieren

Bildungsbereiche: Bewegung und Spielfreude – Körperwahrnehmung und Geschicklichkeit

Gruppengröße: Klein- und Großgruppe

Aktion: Mehrere Kinder spielen die Polizei. Sie sind erkennbar an einer blauen Armbinde oder einem blauen T-Shirt. Die anderen Kinder spielen Räuber und Räuberinnen in Grün. Während sie davonlaufen, versuchen die Polizisten und Polizistinnen sie zu fangen. Wer ein Räuberkind berührt hat, bringt es ins Gefängnis (mit Kreide aufgemalter großer Kreis). Ein Ausbruch ist möglich, wenn ein freies Räuberkind das gefangene Kind durch Abschlagen befreit. Sind alle Räuberkinder gefangen, ist das Spiel zu Ende.

Reflexion: Wie fühlt es sich an, gejagt und gefangen zu werden? Wie ist euer Polizeieinsatz gelaufen?

Ausblick und Planung: Bauen Sie aus einem Schuhkarton ein Gefängnis. Eine Räuberpuppe wird im Rollenspiel ins Gefängnis gesteckt.

POLIZEI

4. Kriminalpolizei – Räubern auf der Spur

Der Schmuckraub

Lernziel: Das Gedächtnis trainieren

Bildungsbereiche: Sinneswahrnehmung und Spielfreude – Konzentration und Aufmerksamkeit

Gruppengröße: Klein- und Großgruppe

Aktion: Legen Sie auf einen Tisch oder Boden in der Mitte zehn Wertgegenstände (Ketten, Uhren, Ringe, Edelsteine usw.). Ein Kind wird als Polizist oder Polizistin bestimmt. Es prägt sich die Schmuckstücke ein und geht kurz vor die Tür. Ein Kind spielt den Dieb oder die Diebin und stiehlt ein Schmuckstück. Das Polizeikind wird hereingerufen und versucht herauszufinden, was fehlt. Kann es den „Dieb" und das fehlende Schmuckstück finden?

Reflexion: Wer hat das fehlende Schmuckstück erkannt? Habt ihr den Dieb oder die Diebin gefasst?

Ausblick und Planung: Spaß macht das Gedächtnisspiel auch, wenn es als „Bankraub" mit Geldmünzen gespielt wird.

4. Kriminalpolizei – Räubern auf der Spur

Räuber-Plumpsack

Lernziel: Freude erleben beim Bewegen

Bildungsbereiche: Bewegung und Spielfreude – Sprache und Wortschatz

Gruppengröße: Klein- und Großgruppe

Aktion: Spielen Sie mit den Kindern „Räuber-Plumpsack“ im Kreis. Jedes Kind hat ein Kuscheltier hinter sich auf dem Boden liegen. Ein Räuberkind schleicht um den Außenkreis herum und schnappt sich ein Kuscheltier. Das „bestohlene“ Kind ruft laut „Polizei“, läuft hinter dem Räuberkind her und versucht es zu fangen. Wurde es gefangen, geht es kurz in die Kreismitte ins „Gefängnis“. Danach die Rollen tauschen.

Reflexion: Was macht euch mehr Spaß? Räuber spielen oder Polizei? Fangen oder gefangen werden?

Ausblick und Planung: Das Räuber-Plumpsack-Spiel am Polizeifest aufführen. Zur Freude der Kinder einen großen Kreis bilden und auch Eltern und Geschwister teilhaben lassen.

KLEB

5. Beruf Polizist und Polizistin

Polizist und Polizistin basteln

Lernziel: Die Polizei kreativ erleben

Bildungsbereiche: Kreatives Gestalten – Feinmotorik – Rollenspiel

Gruppengröße: Kleingruppe

Aktion: Runde Pappschachteln mit blauem Tonpapier bekleben, Arme und Hände mit einer Winkerkelle anbringen. Zusätzlich einen Gürtel aus schwarzem Tonpapier und schwarze Schuhe so ankleben, dass die Schachtel nicht wegrollt. Einen Kopf mit kurzen oder langen Haaren aus Wolle gestalten, darauf eine blaue Polizeimütze setzen. Gelbe Kreise dienen als Knöpfe der Polizeiuniform.

Reflexion: Wer möchte gerne ein Polizist oder eine Polizistin sein? Was gefällt euch an dem Beruf?

Ausblick und Planung: Die gebastelten Figuren kommen im Rollenspiel auf dem Straßenteppich mit Autos und Verkehrsschildern zum Einsatz.

TATÜ TATA TATÜ TATA TATÜ TATA TATÜ ...
POLIZ

5. Beruf Polizist und Polizistin

Abzählreim „Eins, zwei Polizei"

Lernziel: Sich mit der Polizei identifizieren

Bildungsbereiche: Sprache und Wortschatz – Spielfreude und darstellendes Spiel

Gruppengröße: Groß- und Kleingruppe

Aktion: Alle stehen im Kreis. Ein Polizeikind geht im Innenkreis. Es spricht den Abzählreim und zählt ab. Bei „zehn" bleibt es stehen, zeigt auf den Dieb. Der ausgezählte Dieb wird abgeführt und im Innenkreis ins „Gefängnis" (ein aufgemalter Kreis) gebracht.

Eins, zwei Polizei!	*Sprechen und abzählen*
Drei, vier Offizier!	*Sprechen und abzählen*
Fünf, sechs, sieben, steh'n geblieben!	*Sprechen und abzählen*
Haltet den Dieb!	*Zusammen laut rufen*
Acht, neun, zehn! Auf Wiedersehn!	*Sprechen und abzählen*
Ab ins Gefängnis!	*Zusammen laut rufen*

Reflexion: Wie verfolgt die Polizei einen Dieb? Wohin bringt die Polizei Diebe und Verbrecher?

Ausblick und Planung: Den Abzählreim mit Kasperlepuppen spielen und die Räuberpuppe ins gebastelte Kartongefängnis (siehe S. 48) stecken.

5. Beruf Polizist und Polizistin

Besuch der Polizei in der Kita

Lernziel: Interesse für die Arbeit der Polizei wecken

Bildungsbereiche: Neugier und Sachwissen – Sprache und Wortschatz

Gruppengröße: Groß- und Kleingruppe

Aktion: Laden Sie einen Polizisten oder eine Polizistin in die Kita ein. Die Kinder stellen Fragen: Was hat die Polizei im Einsatz immer dabei? Im Einsatz tragen Polizisten und Polizistinnen eine Uniform und eine Schutzweste. Was befindet sich am Einsatzgurt? Warum ist die Polizei so wichtig? Wann ist die Arbeit der Polizei besonders gefährlich? Als Höhepunkt dürfen die Kinder echte Handschellen ausprobieren.

Reflexion: Was findet ihr besonders spannend bei der Polizei? Warum muss man bei der Polizei stark und mutig sein?

Ausblick und Planung: Philosophieren Sie mit Kindern über die Fragen „Was ist gut?“, „Was ist böse?“. Kinder haben einen ausgeprägten Gerechtigkeitssinn. Sie lieben Geschichten und Märchen, in denen das Gute siegt und das Böse bestraft wird.

5. Beruf Polizist und Polizistin

Polizeimütze und Handschellen basteln

Lernziel: Freude wecken an kreativer Betätigung

Bildungsbereiche: Kreativität – Feinmotorik – Rollenspiel

Gruppengröße: Kleingruppe

Aktion: Aus blauem, weißem und schwarzem Tonpapier eine Polizeimütze basteln, ggf. mit POLIZEI beschriften. Für die Handschellen jeweils zwei große und sechs kleine Pappstreifen ausschneiden, mit Alufolie umwickeln, miteinander wie Kettenglieder verbinden und zusammenkleben.

Reflexion: Welche Polizeiaufgabe gefällt euch besonders gut? Wer mögt ihr sein: Schutz-, Verkehrs- oder Kriminalpolizisten und -polizistinnen?

Ausblick und Planung: Die selbst gebastelten Polizeimützen und Handschellen kommen im freien Rollenspiel sowie in angeleiteten Spielen und Liedern zum Einsatz.

5. Beruf Polizist und Polizistin

Geschichte „Der gestohlene Schneemann"

Lernziel: Einer spannenden Geschichte zuhören

Bildungsbereiche: Neugier und Konzentration – Sprache und Literacy

Gruppengröße: Kleingruppe

Aktion: Lesen Sie die Geschichte vom gestohlenen Schneemann (siehe S. 74) vor und legen Sie dazu passend Schneemann, Lupe, Maßband, Trittspuren, Baustellen-Verkehrsschild, Sattelschlepper, Bagger, Gabelstapler für alle sichtbar auf ein weißes Tuch.

Reflexion: Stellen Sie Fragen zur Geschichte: Wo haben die Kinder den Schneemann gebaut? Wie sahen die Spuren im Schnee aus? Was glauben die Kinder, wer ihren Schneemann gestohlen haben könnte? Was tun sie, um ihren Schneemann zurückzubekommen? Wie ist der Schneemann zurückgekehrt?

Ausblick und Planung: Fertigen Sie Trittspuren an und spielen Sie damit ein Suchspiel. Ein Kind spielt den Schneemann-Dieb. Es verteilt Trittspuren auf dem Boden und versteckt den Schneemann. Die anderen sind die Polizei und müssen suchen.

5. Beruf Polizist und Polizistin

Alarmgeschichte

Lernziel: Genau hinhören und aufpassen

Bildungsbereiche: Konzentration und Bewegung – Sprache und Wortschatz

Gruppengröße: Groß- und Kleingruppe

Aktion: Sobald die Kinder beim Erzählen „Polizei" hören, springen sie auf und rufen laut „tatütata":
„Piet und Paula arbeiten bei der Polizei. Zusammen fahren sie im Polizeiauto Streife. Der Polizeifunk löst Alarm aus. Piet stellt die Polizeisirene an und los geht's zum Tatort. Sie sausen im Polizeiauto zur Tankstelle. Dort wurde eingebrochen. Die Einbrecher sind mit der Beute in einem schwarzen Auto auf der Flucht. Paula fährt das Polizeiauto. Sie überholt das schwarze Auto. Piet hält die Polizeikelle aus dem Fenster. Die Einbrecher geben auf. Piet legt ihnen Handschellen an. Die Einbrecher werden zur Polizeiwache gebracht. Piet und Paula fahren weiter auf Polizeistreife zum nächsten Polizeieinsatz."
Präsentieren Sie diese und andere Alarmgeschichten bei Polizeifest auf einer Bühne.

Reflexion: Welche Aufgaben haben Paula und Piet? Was erleben sie als Nächstes?

Ausblick und Planung: Schreiben Sie die Ideen der Kinder für weitere Alarmgeschichten auf.

POLIZEI
MAX
LEA
EIN
LA
DU
NG
IDA
OSKAR
POLIZEI
Einladung

6. Abschluss

Einladungskarten zum Polizeifest

Lernziel: Freude am kreativen Umgang mit Papier und Farbe

Bildungsbereiche: Kreatives Gestalten – Feinmotorik und Handgeschicklichkeit – Feste und Feiern

Gruppengröße: Groß- und Kleingruppe

Aktion: Die Kinder gestalten Einladungen zum Polizeifest in der Kita, indem sie je einen Fußabdruck in Blau auf ein Papier drucken. Schwarze Kreise für die Reifen ausschneiden oder ausprickeln und ankleben. Ein Führerhäuschen, Blaulicht und ggf. einen Polizeistern oder Polizeibuchstaben aufmalen.

Reflexion: Was wollt ihr am Polizeifest in der Kita gerne euren Familien zeigen und vorführen?

Ausblick und Planung: Die gebastelten und beschrifteten Einladungskarten an die Familien der Kinder verteilen.

6. Abschluss

Ampelkekse backen

Lernziel: Farbenlernen mit Ampelkeksen

Bildungsbereiche: Lebenspraktisches Lernen – Feinmotorik – Feste und Feiern

Gruppengröße: Kleingruppe

Aktion: Stellen Sie aus 175 g weicher Butter, 100 g Zucker, 1 Ei, 300 g Mehl und 1 Prise Salz einen Mürbteig her und stellen ihn für ca. 30 Minuten kühl. Danach kann der Teig ausgerollt, in Ampelstreifen geschnitten, auf dem Backblech verteilt und für etwa 10–15 Minuten im vorgeheizten Backofen gebacken werden. Nach dem Abkühlen bestreichen die Kinder die Ampelkekse mit flüssiger Schokoglasur und verzieren sie mit roten, gelben und grünen Schokoladen-Dragees.

Reflexion: Welche Farbe gehört für die Ampelkekse nach oben, in die Mitte, nach unten?

Ausblick und Planung: Ampelkekse für das Polizeifest zum Projektabschluss backen und als kulinarisches Erlebnis genießen oder alternativ am Polizeifest zuvor gebackene Ampelkekse verzieren.

6. Abschluss

Räuber-Dosenwerfen

Lernziel: Feinmotorisches Üben beim Malen und Zielwerfen

Bildungsbereiche: Bewegung und Spielfreude – Feinmotorik und Geschicklichkeit

Gruppengröße: Groß- und Kleingruppe

Aktion: Die Kinder malen Gesichter von Räubern und Räuberinnen (ggf. Vorlagen verteilen und ausmalen lassen) auf Papier. Dann werden sie auf leere Konservendosen geklebt, die als Drei-zwei-eins-Pyramide aufgestellt werden. Die Kinder stellen sich vor einer Startlinie auf und versuchen mit jeweils drei Bällen die Räuber-Dosen-Pyramide zu treffen und zum Umsturz zu bringen.

Reflexion: Wie viele Räuberdosen habt ihr erwischt? Wie viele Versuche habt ihr gebraucht, um alle Dosen umzuwerfen?

Ausblick und Planung: Am Polizeifest in der Kita Räuber-Dosenwerfen mit Eltern und Geschwistern spielen und wie auf einer Kirmes Gewinne verteilen.

6. Abschluss

Polizeifest in der Kita

Lernziel: Ergebnisse aus dem Polizeiprojekt mitteilen

Bildungsbereiche: Bewegung und Spielfreude – Sprache und Wortschatz – Feste und Feiern

Gruppengröße: Groß- und Kleingruppe

Aktion: Bauen Sie zum Polizeifest in der Kita einen Parcours mit mehreren Stationen auf, die die Kinder mit ihren Familien zusammen erleben können:

- Verkehrsrallye (siehe S. 41)
- Räuber-Dosenwerfen (siehe S. 71)
- Schneemanndieb mit Trittspuren (siehe S. 63)
- Ampelkekse verzieren (siehe S. 69)
- Aufführung Polizeilieder und Polizeitheater (siehe S. 11, 19 und S. 37)
- Räuber-Plumpsack (S. 53)
- „Eins, zwei Polizei" (S. 57),
- Alarmgeschichte (S. 65)

Reflexion: Nach Abschluss des Polizeifestes sprechen Sie mit den Kindern über ihre schönsten Polizeiaktionen: Was hat euch in unserem Polizeiprojekt besonders gut gefallen?

Ausblick und Planung: Eine Fotowand oder ein digitales Fotoalbum im Eingangsbereich der Kita zur Präsentation der Projektergebnisse ausstellen.

Anhang

Geschichte: Der gestohlene Schneemann

„Er ist weg!“, schreit Lena verzweifelt. „Flori, komm schnell! Max ist verschwunden!“ Florian stürmt zum Fenster. Tatsächlich, ihr *Schneemann* Max, den sie gestern mit ihren Freunden Paula und Tom gebaut haben, ist nicht mehr da. Florian läuft mit Hausschuhen nach draußen und ruft entsetzt: „Max wurde gestohlen. Da sind Reifenspuren im Schnee, dicke Reifen waren das.“ In Windeseile sind die beiden angezogen und stürmen hinüber ins Nachbarhaus zu Paula und Tom. Ratlos stehen die vier am Tatort und überlegen fieberhaft, wie sie ihren Schneemann Max zurückbekommen können. „Wir gehen zur Polizei“, schlägt Tom vor, „vielleicht ist der nette Herr Schulz auf der Wache.“ – „Der ist aber kein Detektiv“, antwortet Florian. „Wir finden es selbst heraus! Wir sind jetzt Detektive!“ – „Es war bestimmt der Mann mit dem Tiefkühlauto, der guckt immer so böse!“, sagt Lena und schüttelt sich. „Keine schlechte Idee“, findet Tom. „Dem ist das Eis ausgegangen, da kam er zufällig hier vorbei und hat Max gestohlen.“ – „Quatsch“, sagt Florian, „Max kann man doch nicht essen.“ – „Aber zum Frieren kann er Max gebrauchen, wenn die Kühlung im Lieferwagen kaputt ist“, gibt Tom zu bedenken.

„Okay, Freunde, wir sollten den Verdacht sofort überprüfen“, schlägt Florian vor. Tom holt seine *Forscherlupe*, Lena besorgt ein *Maßband*. Sie entdecken große *Trittspuren* im Schnee. „Ein richtiger Bauarbeiterschuh war das“, sagt Tom mit detektivischem Spürsinn. „Dann kann es nicht der Tiefkühlmann gewesen sein, der ist ja kein Bauarbeiter“, sagt Paula. „Und was machen wir jetzt?“, fragt Lena traurig. „Wir bauen einfach einen neuen Max“, schlägt Tom vor.

Da sehen die vier einen *Lastwagen* in die Straße fahren. Er hält genau vor ihrem Haus, lädt einen kleinen *Bagger* ab, stellt ein Baustellenschild auf und fährt weiter. Ein Bauarbeiter steigt in den kleinen Bagger und beginnt den Gehweg vor dem Haus aufzureißen. „Hat der Baggerfahrer unseren Max gestohlen?“, fragt Florian ratlos. „Ich will meinen Karnevalsbesen wiederhaben!“, ruft Lena und stemmt die Arme in die Hüften. „Und ich will meinen blauen Schal und Mamas Kochtopf wiederhaben!“, ruft Paula wütend. Zusammen stapfen die vier durch den Schnee, stellen sich vor den kleinen Bagger und brüllen, so laut sie können: „Wir wollen unseren Schneemann wiederhaben! Wir wollen unseren Schneemann wiederhaben!“ Der

Baggerfahrer öffnet das Fenster und ruft unfreundlich: „Los, verschwindet! Hier muss heute noch ein geplatztes Wasserrohr ausgetauscht werden."
Enttäuscht geben die Kinder auf und gehen ins Haus. Als es dunkel geworden ist, klingelt es an der Haustür. Tom und Paula werden abgeholt. Auf dem Weg vor dem Haus wird nicht mehr gearbeitet. Der kleine Bagger und das Baustellenschild sind verschwunden. Alles ist, wie es war. Da kommt ein *Gabelstapler* um die Ecke gefahren und oben steht ihr Schneemann Max, mit Paulas blauem Schal, Lenas Hexenbesen und Mamas Kochtopf auf dem Kopf. Der Fahrer fährt bis vors Haus und lässt Max langsam hinunter zu Boden. Der Fahrer winkt den Kindern freundlich zu und ruft aus dem geöffneten Fenster: „Ich bringe euren Schneemann zurück. War einfach weggelaufen, der kleine Ausreißer."

Regina Bestle-Körfer

Lied: Ta tü ta ta die Polizei

Musik und Text: Ferdinand Hirsch © Ferdinand Hirsch 2015

Ta tü ta ta die Fahrbahn frei, ein blaues Auto rast vorbei,
das Blaulicht auf dem Dach blinkt grell, die andren Autos halten schnell,
das ist die? – Polizei.

Ta tü ta ta die Fahrbahn frei, ein rotes Auto rast vorbei,
das Blaulicht auf dem Dach blinkt grell, die andren Autos halten schnell,
das ist die? – Feuerwehr.

Ta tü ta ta die Fahrbahn frei, ein weißes Auto rast vorbei,
das Blaulicht auf dem Dach blinkt grell, die andren Autos halten schnell,
das ist ein? – Krankenwagen.

(Melodie: www.songsguitar.com/t-songs-lieder/ta-tue-ta-ta-die-polizei-kindergarten/)

Lied: Polizei und Feuerwehr (110 und 112 – Das Notruf-Lied)

Musik und Text: Stephen Janetzko © Edition SEEBÄR-Musik Stephen Janetzko, www.kinderliederhits.de

Refrain: Tatütata, wenn es mal brennt, wer kommt schnell her? Unsere Feuerwehr!
Wenn was passiert, wer eilt herbei? Unsere Polizei!
110 und 112, Feuerwehr und Polizei.
Bist du in Not, dann sei so frei: Ruf Feuerwehr und Polizei.
Die Feuerwehr hat 112 und 110 die Polizei.

Mein Fahrrad war mal weg, ich frag mich wo's wohl steckt.
Wer hilft vielleicht dabei? Na klar, die Polizei! Refrain: Tatütata, wenn es …

Ich hatte einen Traum, die Katze saß im Baum.
Und wer kam ganz schnell her? Na klar, die Feuerwehr!
Refrain: Tatütata, wenn es …

(Melodie: www.youtube.com/watch?v=q7jmxEZ-G1DA)

Lied: Links, rechts, links!

Melodie: Traditionell, Text: Susanne Reng © Projektgruppe New Limes e.V.

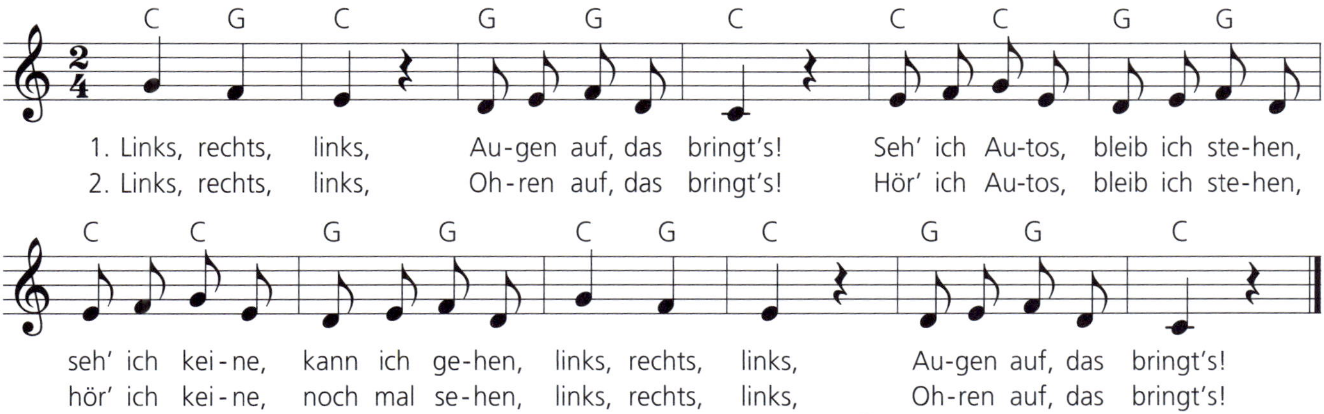

Weiterführende Literatur

Bestle-Körfer, Regina: Projekte in der Kita – Feuerwehr; Herder 2020

Bestle-Körfer, Regina: Projekte in der Kita – Gefühle; Herder 2019

Bestle-Körfer, Regina: Projekte in der Kita – Schulstart; Herder 2019

Braun, Christina et al.: Was ist was, Junior Band 9, Polizei; Tessloff 2019

Künzel/Böwer: Unterwegs mit der Polizei (tiptoi® Wieso? Weshalb? Warum?, Band 22); Ravensburger 2019

Korte, Martin: Wie Kinder heute lernen. Was die Wissenschaft über das kindliche Gehirn weiß; Goldmann 2011

Thilo/Böhm: Bildermaus - Mit der Polizei auf Spurensuche; Loewe 2020

Wieker, Katharina: Ein Tag bei der Polizei; Duden 2018

Autorinnenvita

Regina Bestle-Körfer ist Autorin und Diplom-Sozialpädagogin. Seit über 20 Jahren schreibt sie Beschäftigungsbücher für Kinder und ist in der pädagogischen Weiterbildung als Referentin tätig.